AF592031

EXPOSITION UNIVERSELLE DE 1867, A PARIS.

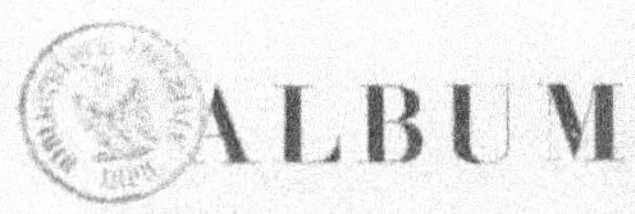

ALBUM

DES

INSTALLATIONS

LES PLUS REMARQUABLES

DE L'EXPOSITION UNIVERSELLE DE 1862, A LONDRES,

PUBLIÉ

PAR LA COMMISSION IMPÉRIALE

POUR SERVIR DE RENSEIGNEMENT

AUX EXPOSANTS DES DIVERSES NATIONS.

PARIS
LIBRAIRIE POLYTECHNIQUE DE NOBLET ET BAUDRY, ÉDITEURS
15, RUE DES SAINTS-PÈRES

1866

AVERTISSEMENT

En 1862, à Londres, M. le Commissaire général de l'Empire Français a fait étudier et comparer entre eux les divers systèmes employés chez les différentes nations pour l'exposition de leurs produits. On a réuni dans un Album les dessins des installations les plus remarquables, tant par l'élégance de leur forme que par la convenance de leurs dispositions.

Les Commissaires étrangers qui ont vu cet Album ont exprimé le désir d'en avoir des copies; la Commission impériale de l'Exposition universelle de 1867 a autorisé MM. Noblet et Baudry, éditeurs, à le reproduire par la gravure.

Les observations faites pour la collection de ces dessins ont conduit à des principes généraux, à des règles pratiques qu'on pourra consulter avec fruit, et qui ont été, pour cette raison, imprimées en tête de l'Album.

Paris, Palais de l'Industrie, le 1er Janvier 1866.

RÈGLES PROPOSÉES

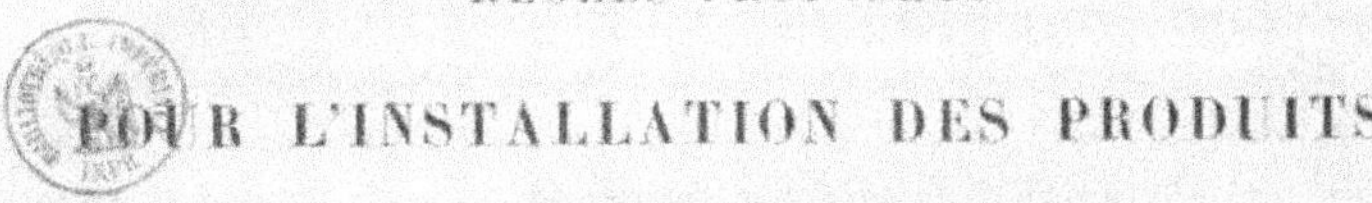

POUR L'INSTALLATION DES PRODUITS

DANS LES EXPOSITIONS.

Une règle fondamentale que l'observation fait bientôt découvrir, c'est qu'aucun objet ne doit être placé directement sur le sol au niveau des voies de circulation. Les pianos, les meubles, les instruments de physique, les machines sont mieux exposés sur un socle ou sur un plancher surélevé.

Les installations qu'il convient d'employer comprennent deux systèmes bien distincts : les expositions sous vitrine et celles à l'air libre. Certains produits, en effet, doivent, par leur nature ou par leur valeur, être mis à l'abri du contact de l'air ou de la main; d'autres gagnent à être exposés à découvert.

I. — INSTALLATIONS SOUS VITRINE.

L'installation sous vitrine peut être étudiée au triple point de vue de la forme, des dimensions et des matériaux.

FORME DES VITRINES. — Les vitrines sont de plusieurs formes : les vitrines basses ou *tables*; les vitrines hautes simplement appelées *vitrines*, qui comprennent les vitrines *droites* et les vitrines munies d'un avant-corps ou vitrines à *pupitre*. Les unes et les autres peuvent être *isolées* au milieu d'une salle ou *adossées* à une cloison.

Un principe général à observer consiste à restreindre autant que possible les parties inutiles de l'installation, telles que les corniches et les soubassements pleins. Il y avait à l'Exposition de 1862 telles vitrines dans lesquelles les objets exposés n'occupaient pas la moitié de la hauteur; l'effet en était généralement considéré comme disgracieux. On remarquait, au contraire : les vitrines droites dont le soubassement n'avait que la hauteur d'un simple tiroir (*Pl.* 15. *Etoffes et Fourrures du Groënland, Danemark.* — *Pl.* 17. *Objets de sellerie de l'Angleterre*); — les tables et vitrines à pupitre dont la partie inférieure était vitrée, et qui offraient ainsi une plus grande surface d'exposition (*Pl.* 9. *Produits du Brésil.* — *Pl.* 18. *Bonneterie de la Prusse.* — *Pl.* 32. *Cristaux de l'Angleterre*); — celles enfin qui reposaient sur des pieds cannelés ou tournés (*Pl.* 7. *Thé des Indes, Angleterre.* — *Pl.* 13. *Tissus de Belfast, Angleterre*). Par suite du même principe, les vitrines isolées étaient utilement garnies de glaces sur toutes leurs faces, de manière à former de véritables cages de verre, maintenues par des cornières de bois ou de métal (*Pl. 14 et 31. Rubans de l'Autriche et Cristaux de l'Angleterre*).

Les vitrines droites avaient été trop employées dans la section française, les vitrines à pupitre et les tables avaient été généralement préférées par les exposants de l'Angleterre et de l'Autriche : celles-ci sont d'une forme plus élégante que les vitrines droites et donnent du dégagement au passage.

Comme dispositions spéciales assez heureuses, on peut signaler les vitrines dont les soubassements ou les pieds avaient été établis en retraite du corps principal (*Pl. 29. Orfèvrerie et Bijouterie de l'Angleterre*); celles dont les angles principaux avaient été formés de glaces arrondies (*Pl. 27* et 28. *Orfèvrerie de l'Angleterre*).

L'exposition sous vitrine ne convient pas seulement à beaucoup de produits manufacturés. Il est bon d'exposer ainsi certaines matières premières, par exemple : les minerais métalliques, pour leur donner plus d'éclat; les aciers, pour les préserver de la rouille; les cuirs, à cause de leur odeur.

DIMENSIONS DES VITRINES. — La hauteur des pupitres était généralement, dans l'Exposition de 1862, de 0m90 à 1m, depuis le sol jusqu'à l'arête du bord extérieur; leur inclinaison était assez faible et ne dépassait guère 5° à 6° dans les installations les mieux entendues (*Pl. 10. Trophée de Liverpool, Angleterre. — Pl. 13. Tissus de Belfast, Angleterre. — Pl. 18. Bonneterie de la Prusse*); elle allait quelquefois jusqu'à 18° et 20°; la moyenne, calculée sur les dessins de l'Album, est de 12°.

La hauteur totale des vitrines droites ou à pupitre doit être en relation directe avec la largeur des passages qu'elles laissent entre elles. Un assez grand nombre d'observations a conduit à la règle suivante :

L'angle compris entre la ligne horizontale passant par l'œil de l'observateur, placé au milieu du passage, et le rayon visuel tangent à l'arête supérieure de la corniche, ne doit pas dépasser 35 degrés.

Cette règle conduit à une formule empirique qui permet de déterminer la hauteur d'une vitrine, étant donnée la largeur du passage :

$$H = 1^m55 + 0,35\ L + 0,2\ l.$$

H hauteur totale de la vitrine.	l saillie du pupitre, variable entre 0m60 et 0m90.
L Largeur du passage.	1m55 taille moyenne des visiteurs.

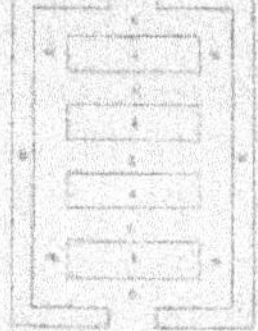

La limite donnée par cette formule ne serait pas dépassée sans inconvénient surtout pour les vitrines isolées (A); elle doit l'être le moins possible pour les vitrines adossées à une cloison (B), et seulement dans le cas où à ces vitrines aboutissent des passages perpendiculaires (C) permettant un plus grand recul que les passages parallèles (D).

Dans les vitrines droites, il convient d'observer en outre les proportions suivantes pour se conformer à un principe indiqué plus haut (*Pl. 15. Étoffes et Fourrures du Groënland, Danemark.*

Soubassement. . . . . . . $\frac{1}{4}$ de la hauteur totale.

Corniche. . . . . $\frac{1}{10}$ *id.*

La profondeur des vitrines est variable avec la nature des objets exposés. La profondeur hors œuvre des installations les mieux construites n'excédait pas généralement, en 1862 :

Pour les tables adossées. . . . . 0^{m}90.

Pour les tables isolées. . . . . . 1^{m}80.

Pour les vitrines droites. . . . . 1^{m}00.

Pour les vitrines à pupitre. . . . . 1^{m}20.

MATÉRIAUX. — A l'Exposition de 1862, les exposants anglais avaient cherché, plus que ceux des autres pays, à faire ressortir leurs produits par le luxe, non moins que par la convenance de leurs installations. Ils ont évité de se servir de bois blancs, peints et vernis, et ont construit leurs vitrines avec des bois de couleurs foncées, tels que le poirier noirci, ciré ou verni, le vieux chêne, l'acajou, le palissandre. Ces bois étaient quelquefois sculptés et à filets d'or (*Pl.* 13. *Tissus de Belfast, Angleterre*). Souvent ils étaient rehaussés par des baguettes d'acier poli ou de laiton doré.

Certains exposants avaient employé avec succès dans leurs installations les produits mêmes qu'elles devaient contenir. On remarquait des objets de verrerie posés sur un guéridon de cristal (*Pl.* 31. *Cristaux de l'Angleterre*); une installation de bougies dont le soubassement était formé de plaques de stéarine (*Pl.* 11. *Bougies de l'Autriche*); des vitrines d'agriculture dont la partie inférieure était employée comme herbier (*Pl.* 5. *Produits agricoles de la Hongrie*).

Les parois de fond et les planchettes intérieures des vitrines, lorsqu'elles ne sont pas en glaces, doivent être garnies d'étoffes dont la couleur fasse ressortir les objets exposés (*Pl.* 4. *Couleurs de l'Angleterre*).

La règle générale pour l'emploi des matériaux consiste, comme il a été dit ci-dessus, à diminuer autant que possible la charpente de la vitrine, afin que l'œil ne s'arrête que sur les produits.

II. — INSTALLATIONS A L'AIR LIBRE.

Les installations à l'air libre rendent les objets plus accessibles à la vue et donnent plus de vie à l'Exposition. Elles conviennent, par exemple, à un grand nombre de matières premières, aux machines, aux meubles, aux objets de verrerie et de céramique. Leurs dispositions peuvent varier à l'infini; on en citera seulement quelques-unes remarquées à Londres et pouvant servir de types dans des cas spéciaux.

Les échantillons de houille de l'Autriche avaient été placés dans des boîtes de dimensions uniformes, rangées symétriquement, portant sur leur face la plus apparente des renseignements utiles à connaître (*Pl.* 2). Les matériaux de construction du Canada avaient été disposés avec ordre sur des gradins adossés à une cloison, sur laquelle étaient étalées des cartes géologiques (*Pl.* 1). Une disposition semblable avait été adoptée dans le département prussien pour les produits des mines et des usines métallurgiques.

On remarquait encore des échantillons de grandes dimensions de fers et fontes posés sur des chevalets, qui étaient eux-mêmes des spécimens de la fabrication (*Pl.* 3. *Rails et Fers de la Prusse*; — *Pl.* 21. *Roues et Essieux de l'Angleterre*); des produits pharmaceutiques rangés en bibliothèque sur des rayons peu profonds; des meubles placés dans une cour couverte par un velum ou sous des baldaquins, de manière à mieux représenter l'effet qu'ils doivent produire dans un appartement (*Pl.* 20. *Meubles de l'Angleterre*); des objets de culte exposés dans des salles qui rappelaient une chapelle ou un oratoire; des cristaux placés sur des tables à gradins, au-dessus desquelles étaient suspendus les lustres; des porcelaines exposées également à l'air libre sur des tables couvertes d'un plafond porté par des colonnes (*Pl.* 35. *Porcelaines de l'Angleterre*); des mosaïques placées sur le sol dans leur position usuelle, etc., etc.

OBSERVATION GÉNÉRALE.

L'attrait exercé sur les visiteurs par l'exposition romaine et par la salle des meubles de l'Angleterre, montrait combien les objets exposés gagnent à être placés dans une enceinte d'étendue très-circonscrite, éclairée par le haut et couverte d'un faux plafond. Cette disposition, qui permet d'approprier aux convenances de chaque classe d'objets les dimensions de la salle qui les renferme, a été adoptée pour l'Exposition de 1867.

TABLE DES PLANCHES.

Planches	
1	Matériaux de construction.
2	Houilles.
3	Rails et fers. / Madriers et sapins.
4	Couleurs et produits chimiques.
5	Graines.
6	Graines.
7	Blés et farines. / Thés.
8	Vins.
9	Produits divers du Brésil.
10	Trophée des importations de Liverpool.
11	Bougies et stéarine.
12	Arquebuserie. / Bijouterie.
13	Tissus de la ville de Belfast.
14	Rubans. / Toisons.
15	Étoffes et fourrures.
16	Cuirs.
17	Objets de sellerie. / Nécessaires de voyage.
18	Bonneterie.
19	Reliures.
20	Meubles.
21	Roues et essieux.
22	Limes et aciers.
23	Tuyaux et robinets.
24	Aciers.
25	Aciers et ressorts.
26	Orfévrerie.
27	Orfévrerie.
28	Orfévrerie et bijouterie.
29	Orfévrerie et bijouterie.
30	Cristaux et lustres.
31	Cristaux.
32	Cristaux.
33	Cristaux et lustres.
34	Poteries.
35	Porcelaines.

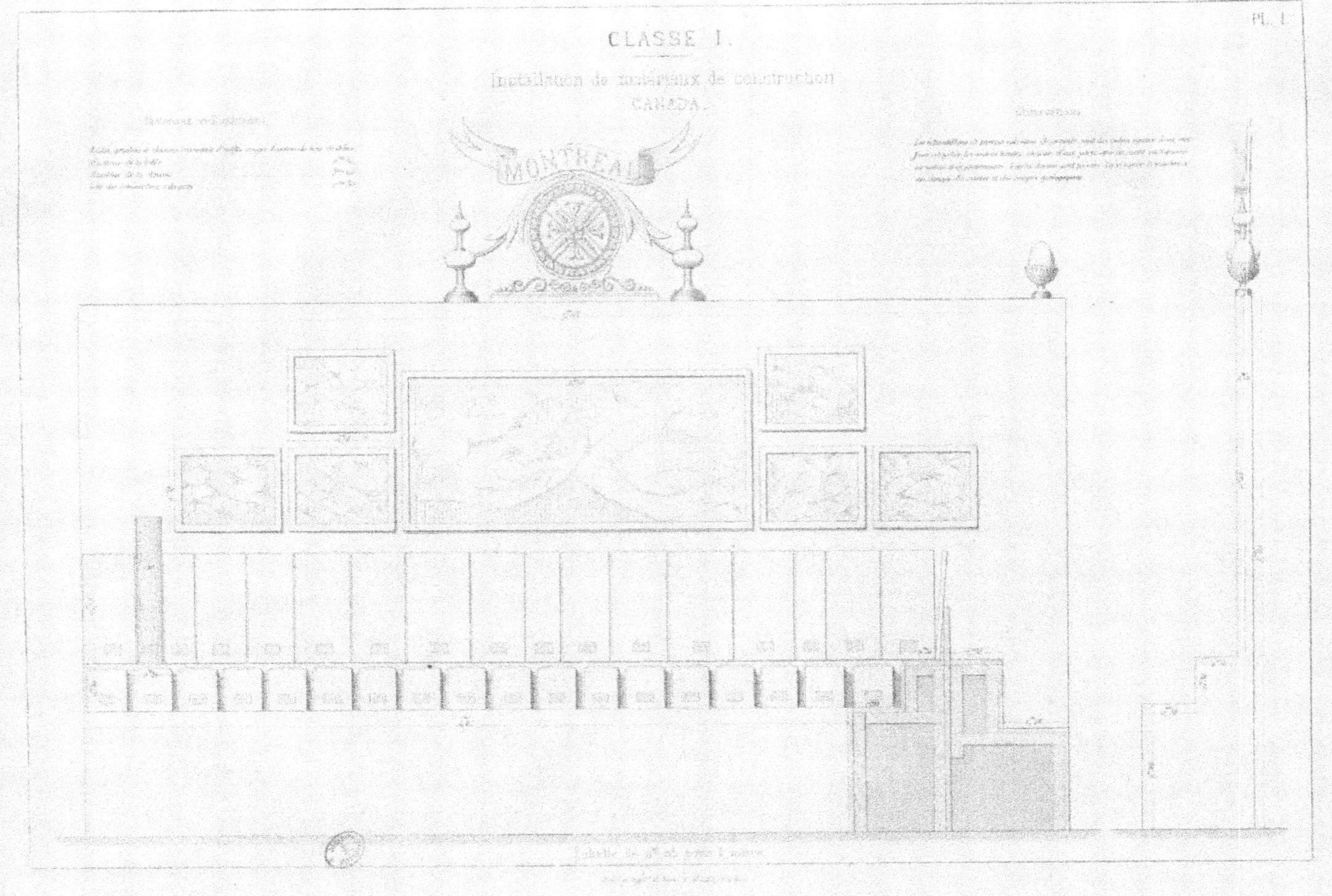

PL. I.
CLASSE I.
Installation de matériaux de construction
CANADA.
MONTRÉAL

Pl. 2

CLASSE I.

Extraction de Houilles

AUTRICHE.

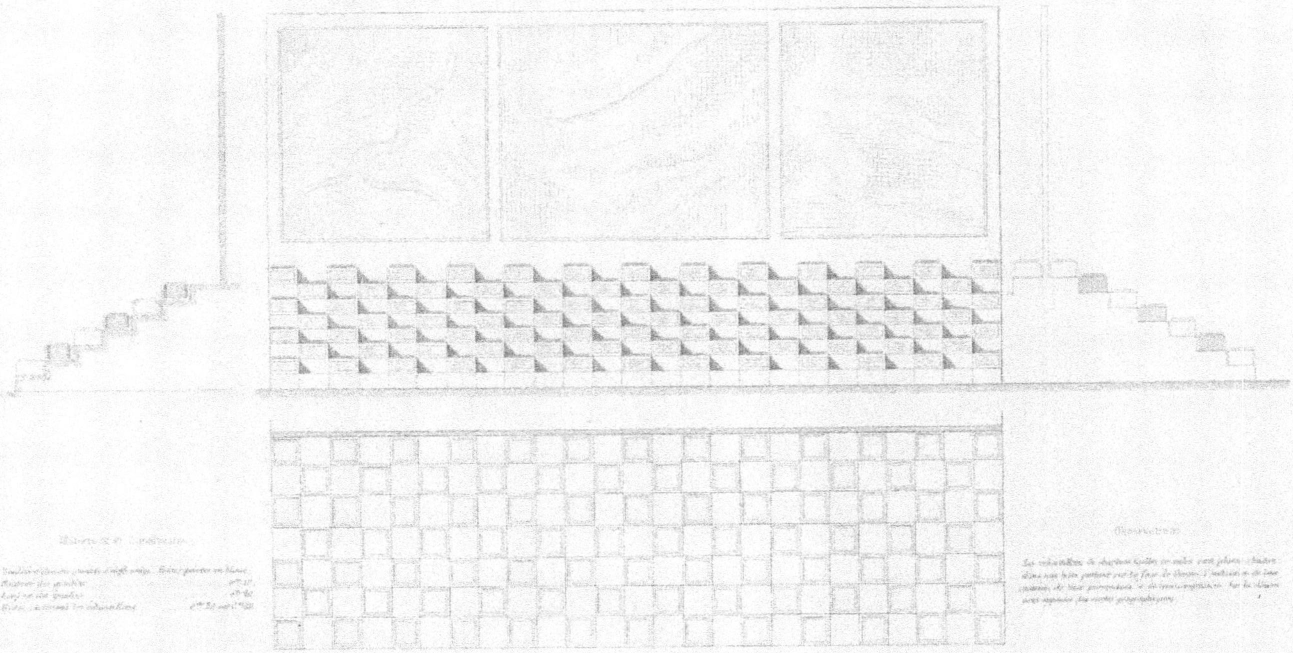

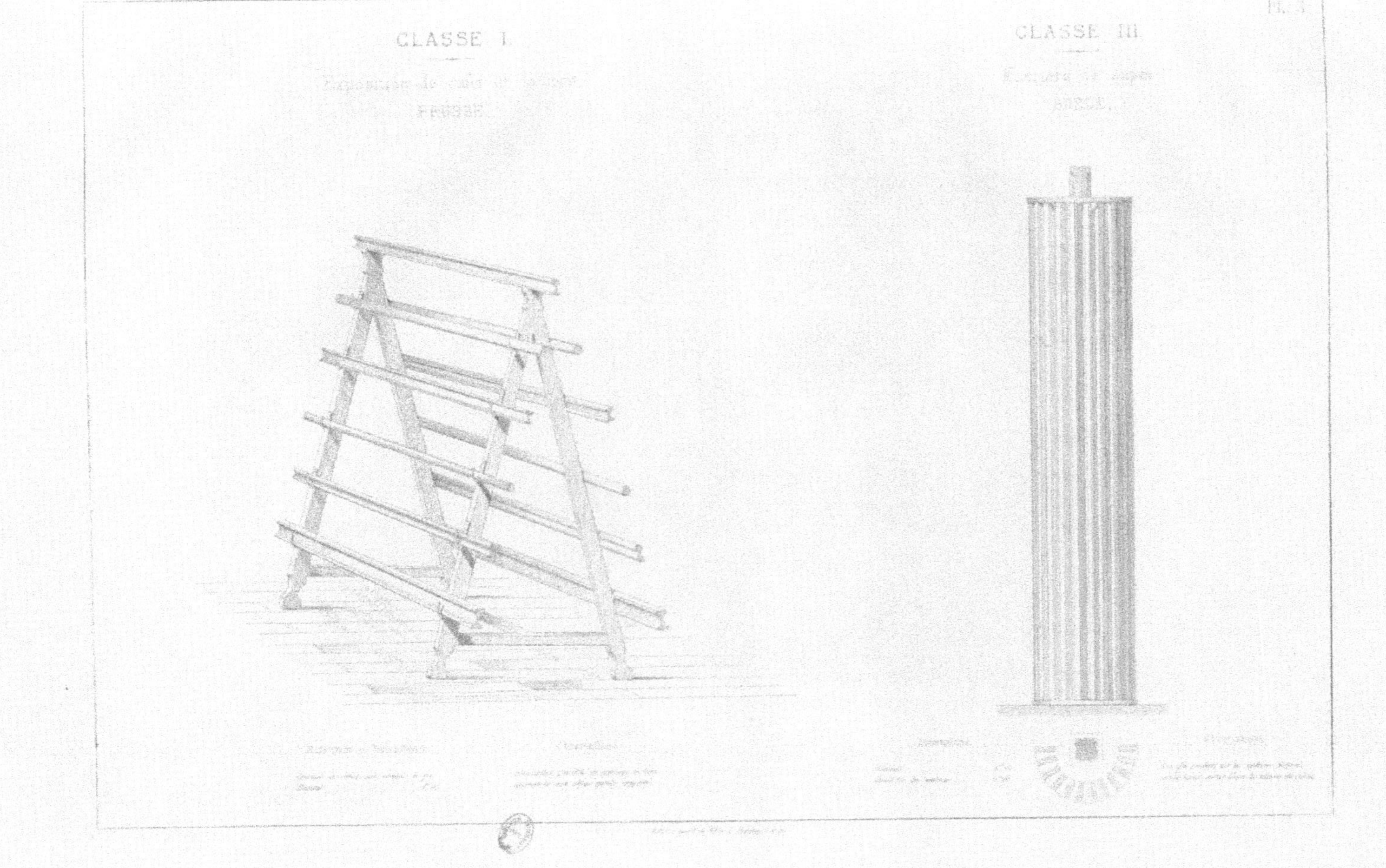
Pl. 3
CLASSE I
CLASSE III

CLASSE IV

Exposition de couleurs et de produits chimiques

ANGLETERRE

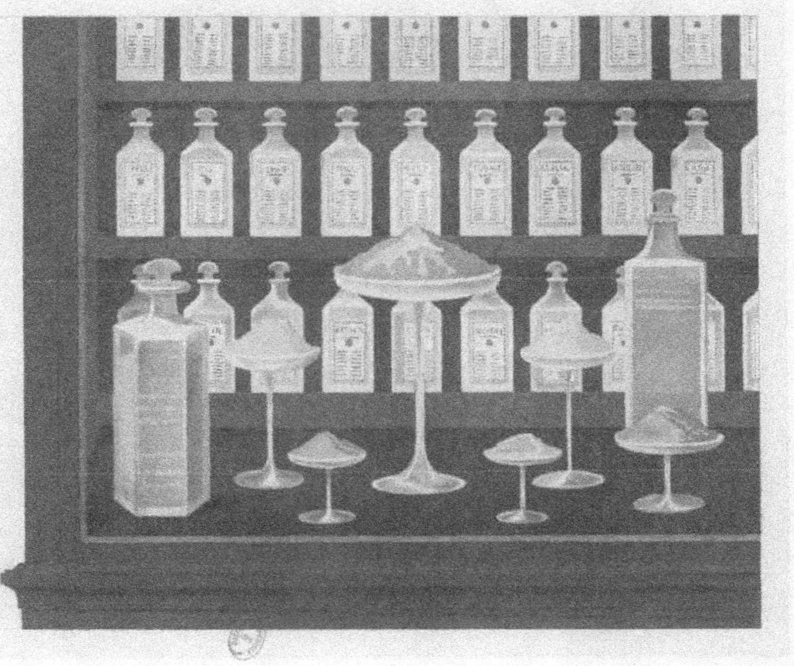

CLASSE III.

Exposition de graines de la Hongrie

AUTRICHE.

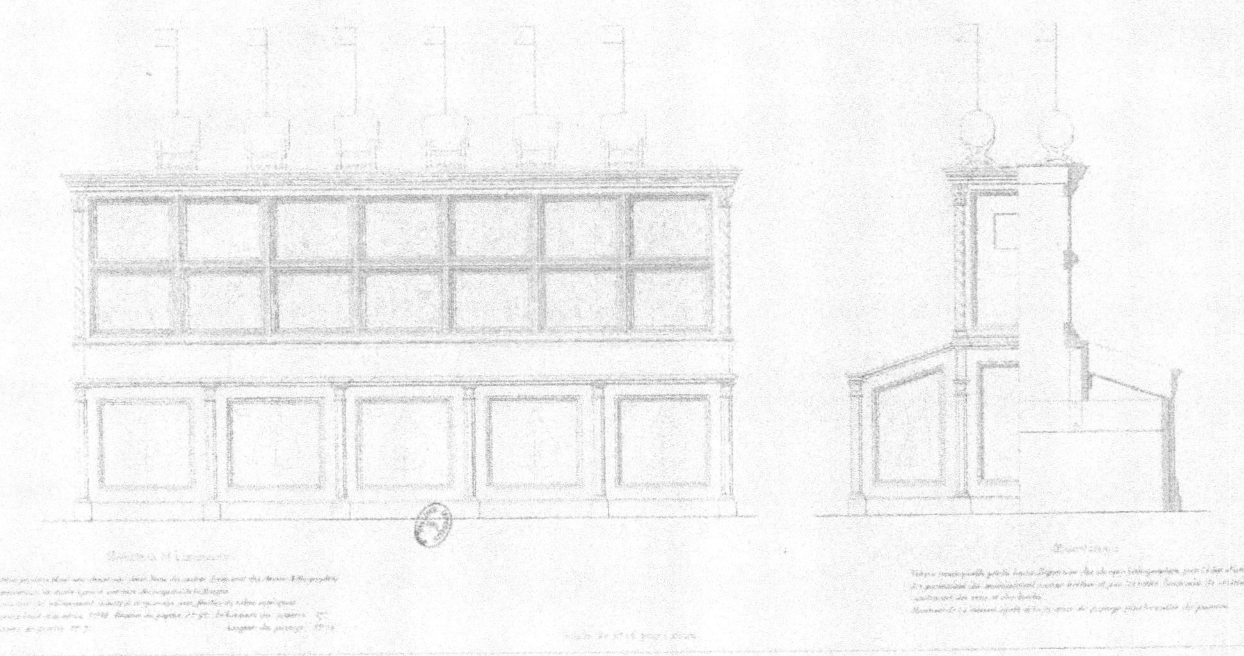

Pl. 6.

CLASSE III.

Exposition de graines (M. Vilmorin)

FRANCE.

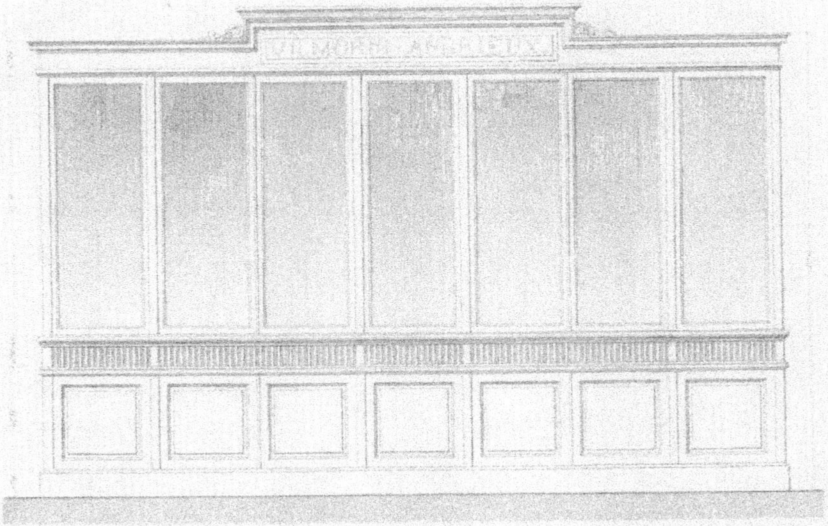

CLASSE III.

CLASSE III.

Pl. 8.

CLASSE III.

Installation de Vins

AUTRICHE.

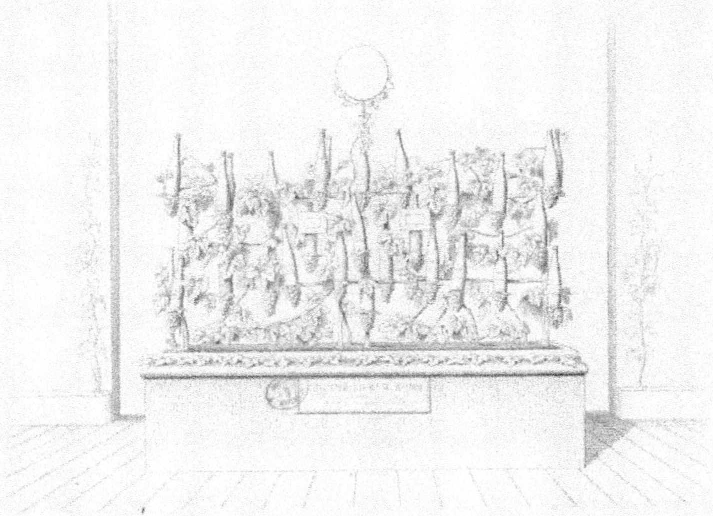

CLASSES III et IV.

Produits divers

BRÉSIL.

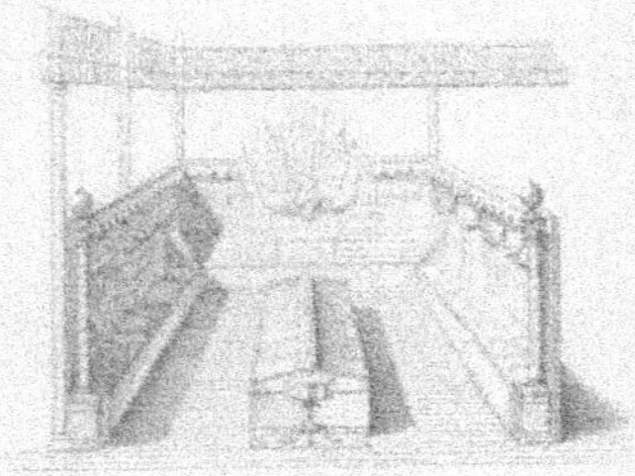

Élévation

Coupe transversale

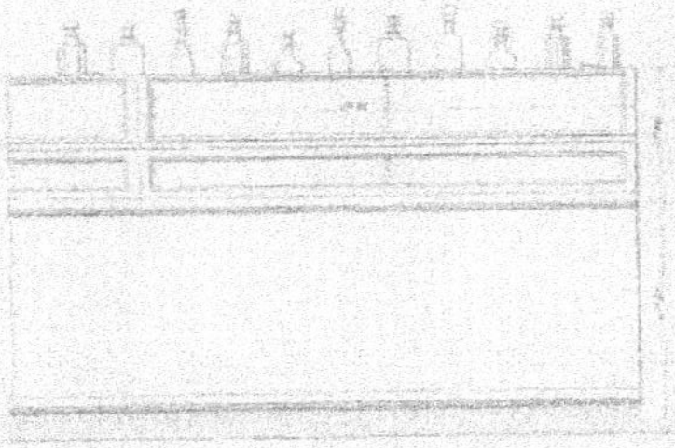

Profil

PL. 10.

CLASSES III et IV

Trophée des importations de la ville de Liverpool

ANGLETERRE.

CLASSE IV

Exposition de bougie et de stéarine

AUTRICHE

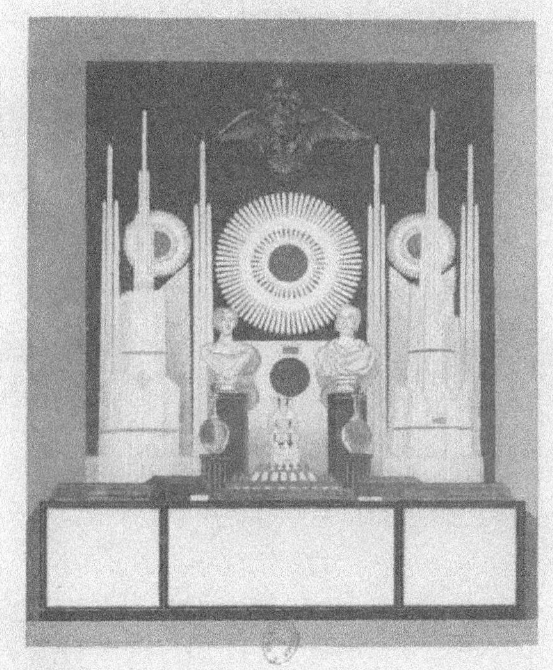

CLASSE XI.

Vitrine d'arquebuserie

CLASSE XXXIII.

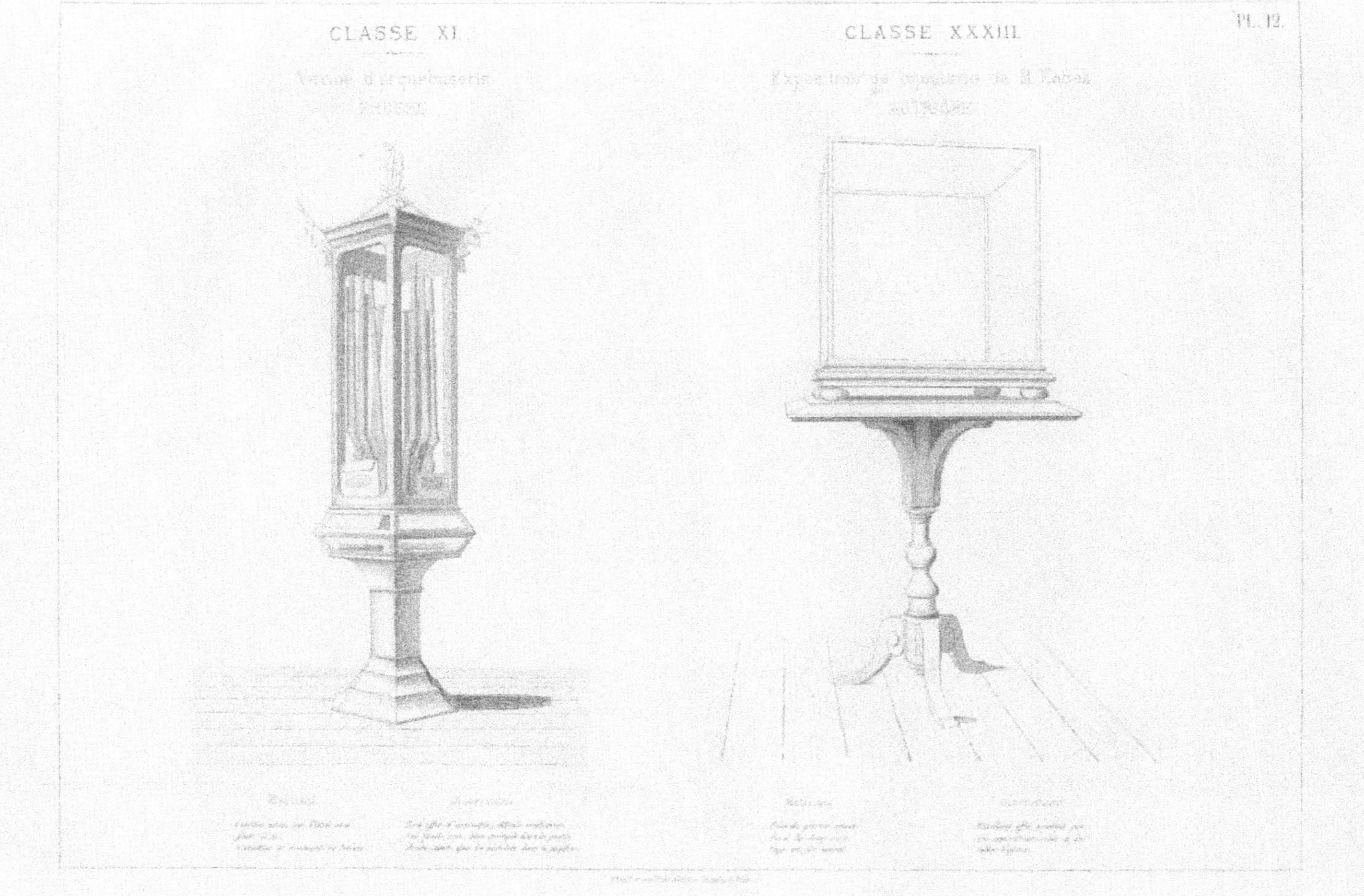

CLASSE XIX

Pl. 11

CLASSE XX.

Exposition de rubans

ANGLETERRE

CLASSE III.

Exposition de [illegible]

AUTRICHE

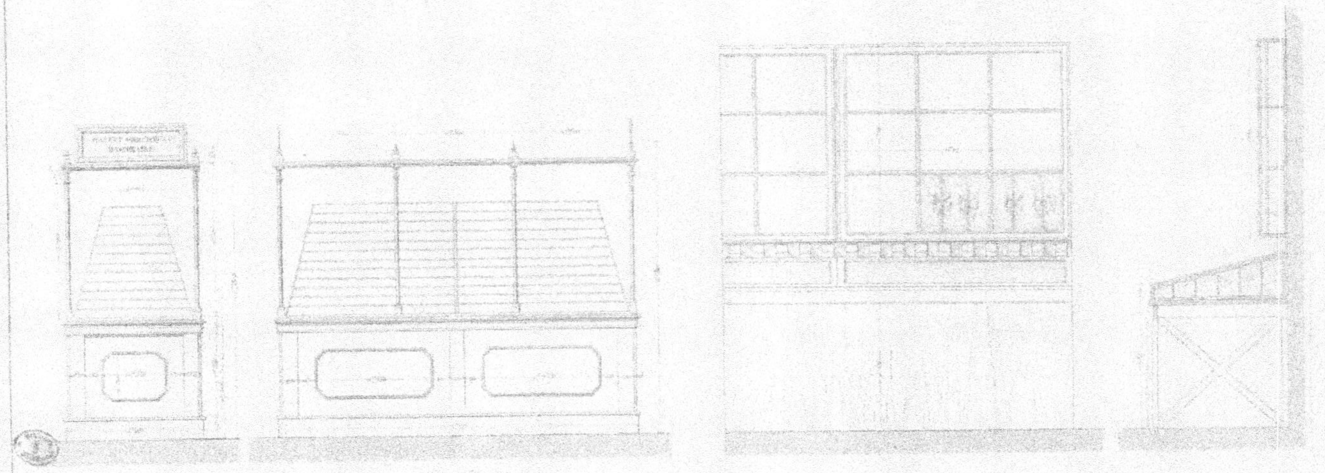

CLASSES XXI et XXVI

[illegible] du Groenland.

DANEMARK

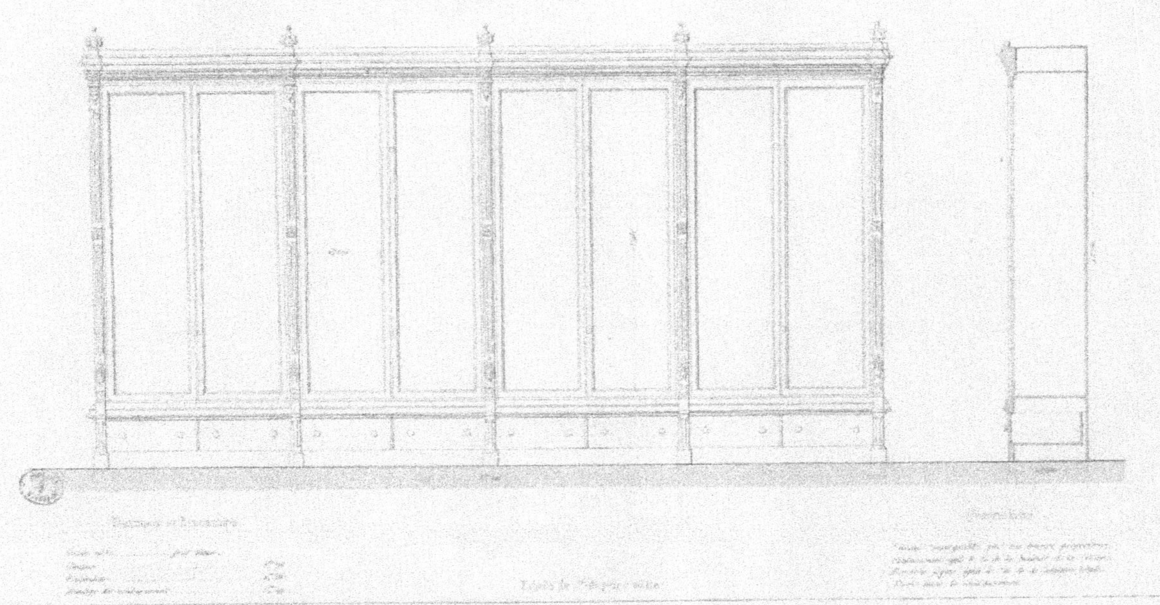

CLASSE XXVI

Exposition de [illegible]

ANGLETERRE

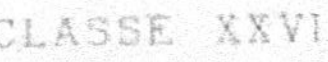

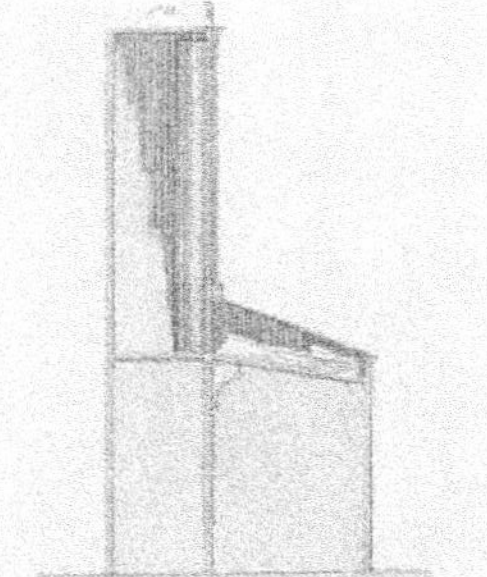

CLASSE XXVI

Objets de sellerie

ANGLETERRE

CLASSE XXXVI

Exposition de nécessaires de voyage

FRANCE

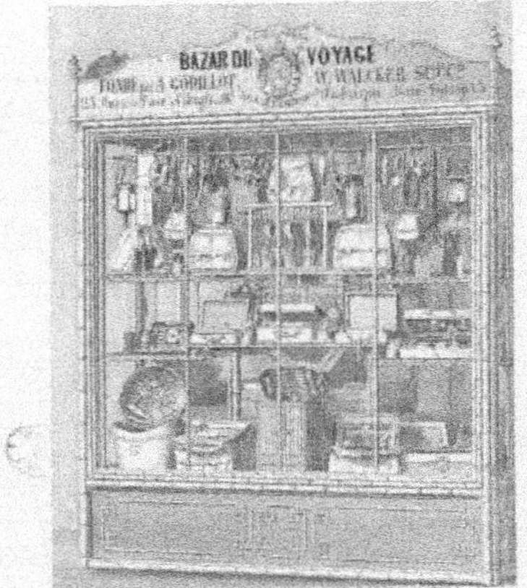

CLASSE XXVII.

Vitrine de bonneterie.

PRUSSE.

Pl. 19

CLASSE XXVIII.

Exposition de reliure

ANGLETERRE

CLASSE XXX.

Installation de Meubles

ANGLETERRE

398 Oxford St

NOSOTTI

398 Oxford St

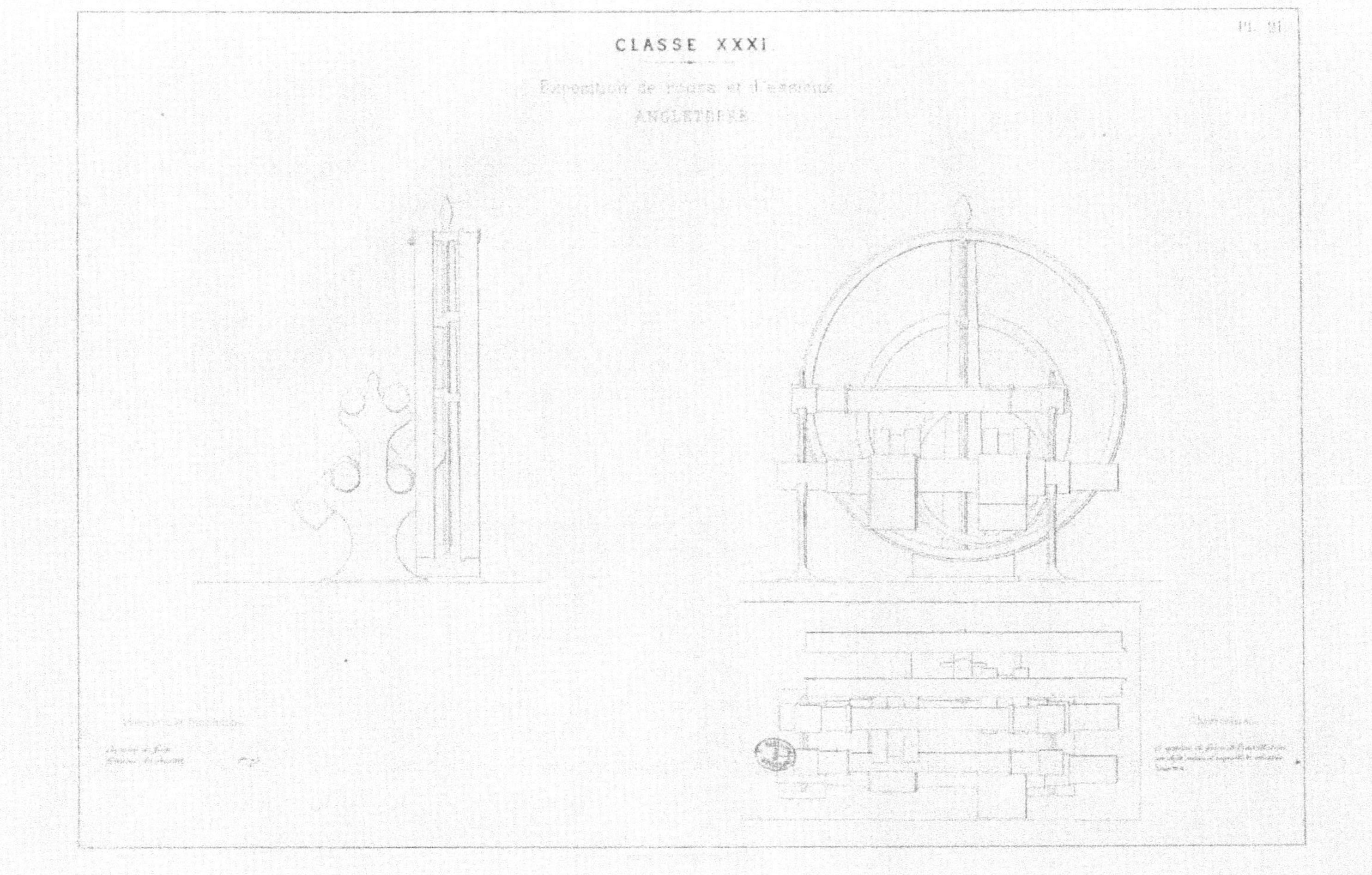
Pl. 21
CLASSE XXXI
Exposition de roues et d'essieux
ANGLETERRE

CLASSE XXXI

Installation [illegible]

ANGLETERRE

PL. 23

CLASSE XXXI

Installation de tuyaux et de robinetterie

ANGLETERRE

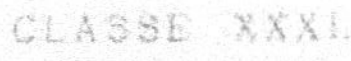

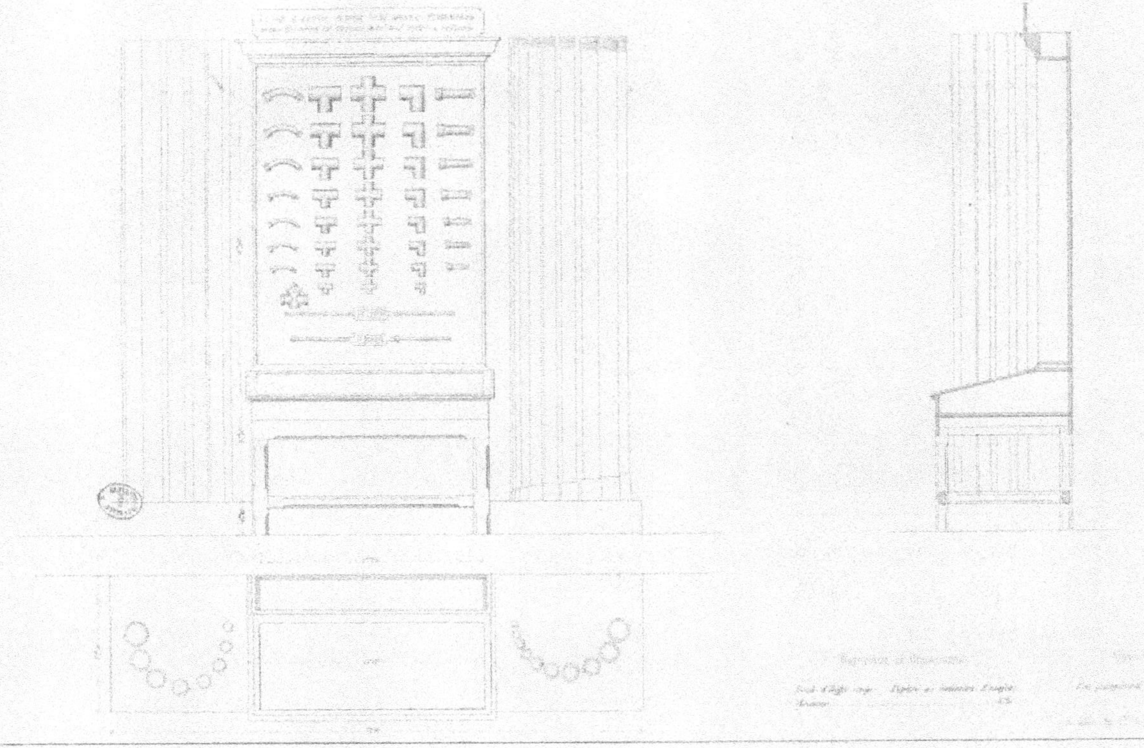

CLASSE XXXII.

Maison de M[r]. Bessemer.

ANGLETERRE

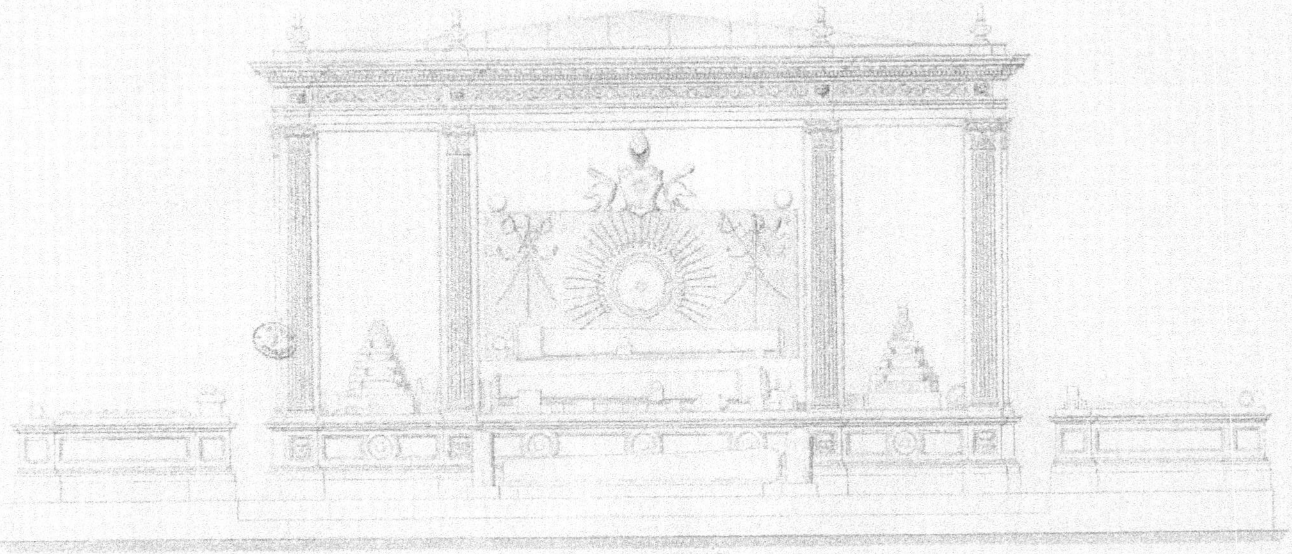

CLASSE XXXII

ANGLETERRE

PL. 26.

CLASSE XXXIII.

Vitrine d'orfèvrerie

AUTRICHE

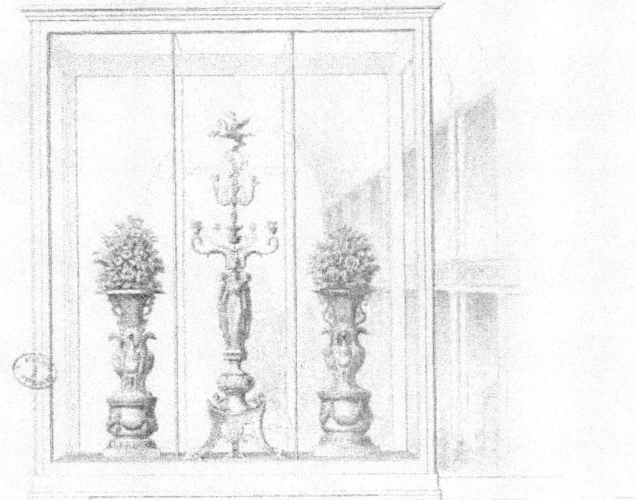

CLASSE XXXIII.

Vitrine d'orfèvrerie de Mr [illegible]

ANGLETERRE

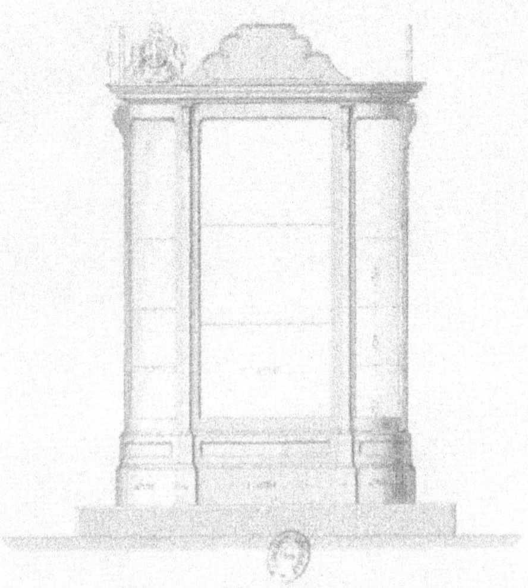

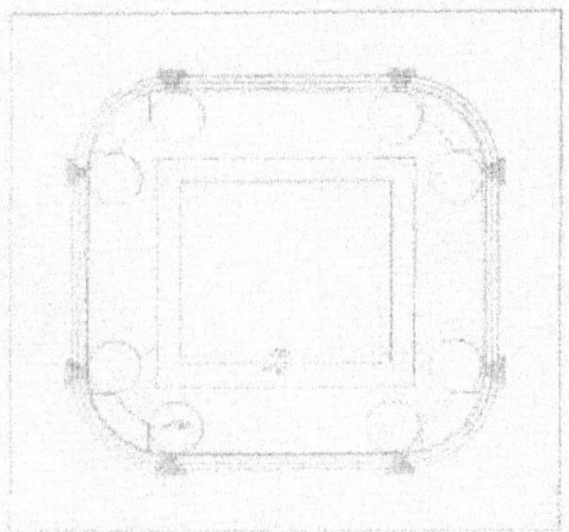

PL. 28.

CLASSE XXXIII.

Installation d'orfèvrerie et de bijouterie

ANGLETERRE

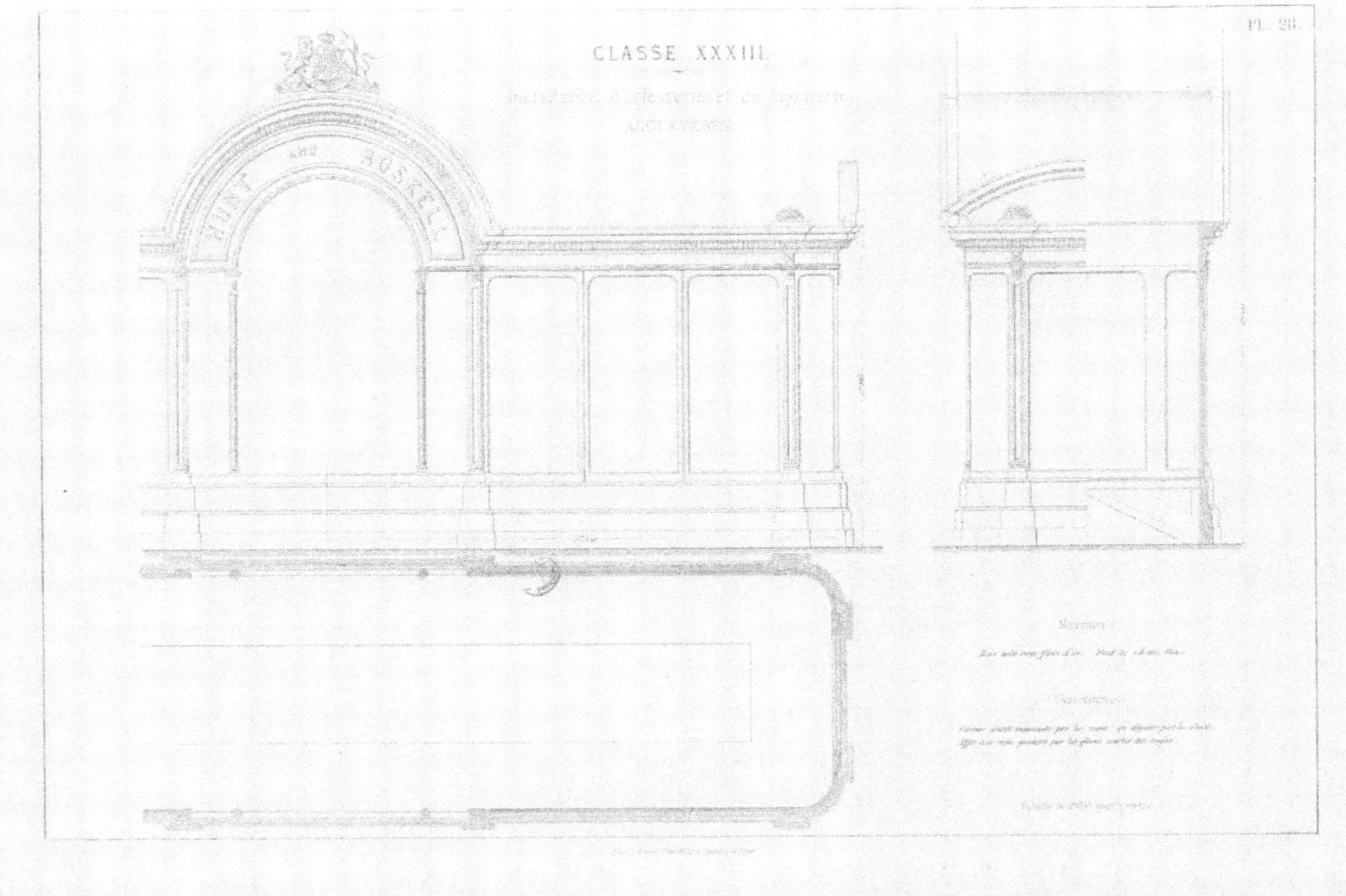

CLASSE XXXIII.

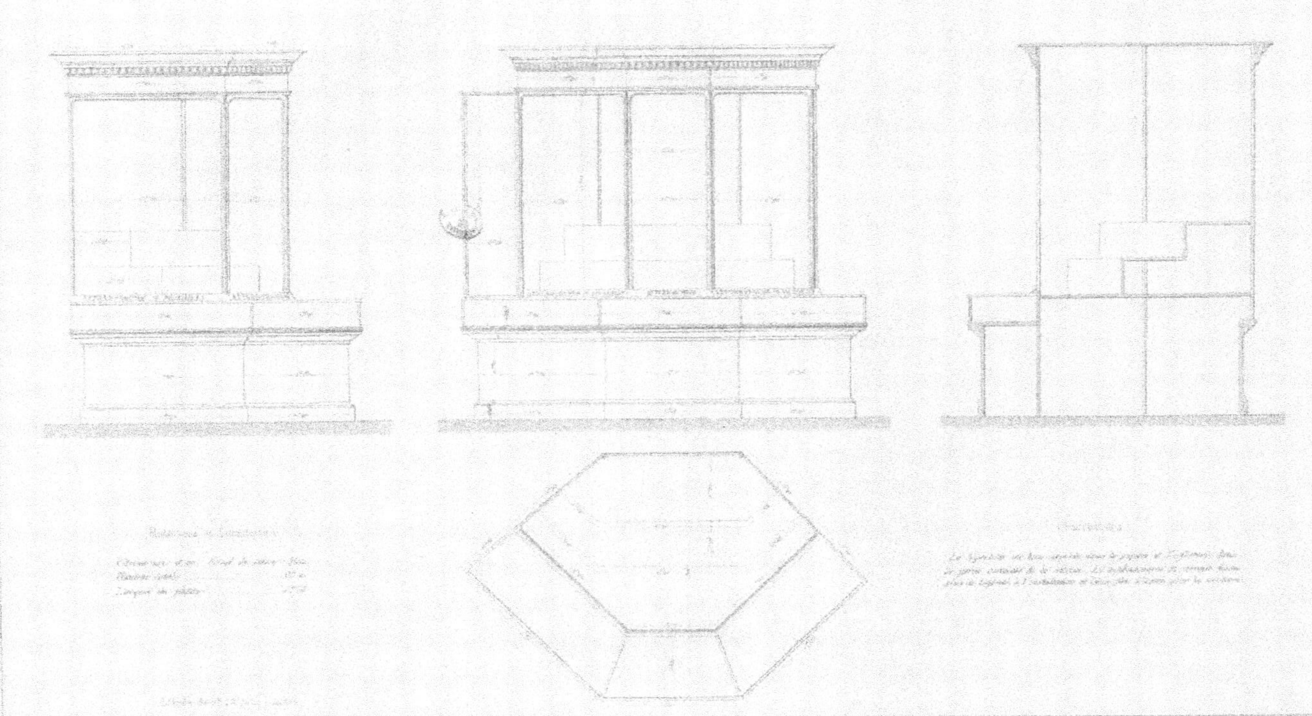

CLASSE XXXIV

Cristaux et lustres de M. Dobson

ANGLETERRE

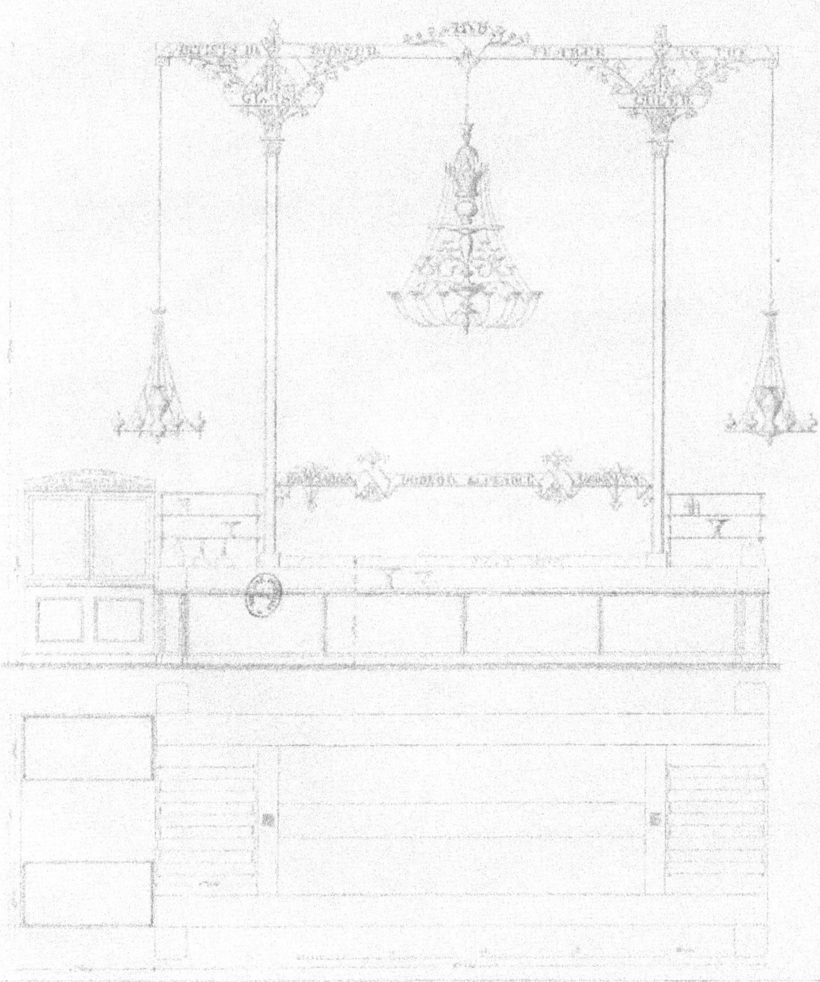

CLASSE XXXIV.

Installation de cristaux de Mr Phillips

ANGLETERRE

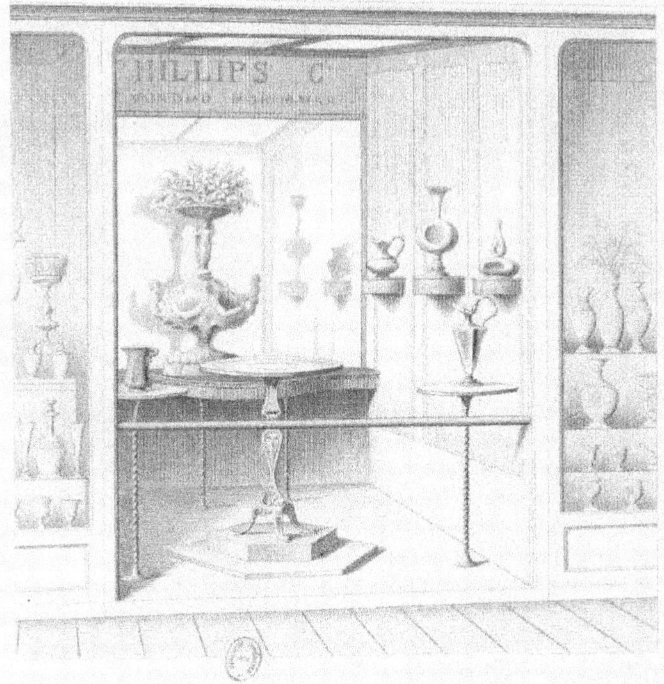

CLASSE XXXIV

Cristaux de Mr Phillips

ANGLETERRE

CLASSE XXXIV.

CLASSE XXXV

Poteries de MM. Doulton et Watts

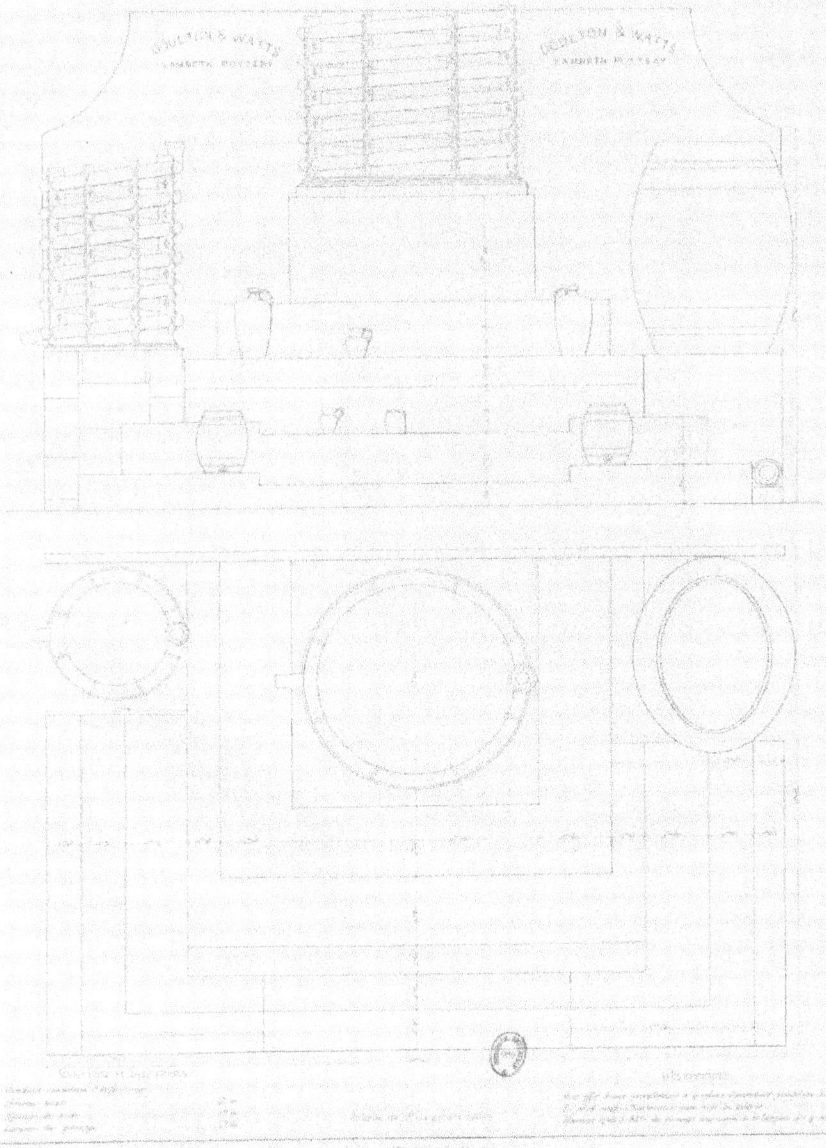

ANGLETERRE

Pl. 33.

CLASSE XXXV

Cour des Porcelaines de Mr Minton

ANGLETERRE

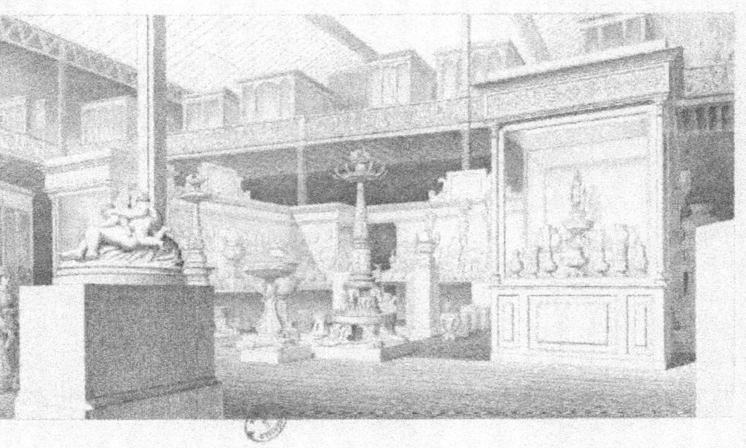

www.ingramcontent.com/pod-product-compliance
Ingram Content Group UK Ltd.
Pitfield, Milton Keynes, MK11 3LW, UK
UKHW022118260726
13993UKWH00003B/1086

9 782329 248165